타조알 선생의 교실 풍경 3

타조알 선생의 교실풍경

고등학교 이야기 1
이성수 지음

Humanist

추천의 글

그래도 교실은 아름답다

아, 내가 바라고 바라던 일이 일어났구나!
내가 바라던 두 가지가 한꺼번에 실현되었다.
하나는 우리나라 만화계의 문제 중 하나였던 전문성의 부족을 뛰어넘는 일이다. 어떤 일을 전문적으로 실천하면서 얻은 이야기를 만화로 다루어 깊은 공감을 얻을 수 있기를 바라 왔는데, 이번에 바로 그 일이 일어났다.
또 하나는 교육 현장의 이야기를 알기 쉽고 친근하게 만화로 풀어내면 얼마나 좋을까 하는 바람이다. 나 역시 교사 출신이기 때문에 교육 현장의 이야기를 만화로 보여 주면 얼마나 재미있을까 하는 생각을 해 왔는데, 그 일이 실현된 것이다.
만화계를 위해서는 전문성, 교육계를 위해서는 대중화가 동시에 이루어진 것이어서 정말 즐거운 일이 아닐 수 없다.
그렇게 태어난 《타조알 선생의 교실 풍경》이 더욱 좋았던 것은 이야기가 아주 자연스럽고 신선해서이다. 어떤 당위를 애써 강조하려 하거나 무언가를 가르치려 들지 않고 고민하는 한 평범한 교사의 마음을 통해 학교생활의 애환을 소박하게 그려 내고 있기 때문이다.
우리는 타조알 선생과 함께 힘들어하고, 재미있어 하고, 마음 아파하고, 웃고, 운다. 따스한 인간미와 정겨움, 그리고 씁쓸한 미소……. 그렇게 가슴 찡한 진실이 재미나면서도 아프고 수수하게 그려져 있다. 그래서 어떻게 해야 할까 하는 것은 읽는 사람의 몫으로 남겨 두면서.

이 책을 읽는 내내 나는 옛날 나의 교사 시절과 조금은 다른 요즘 아이들의 모습이 겹쳐지면서, 입시에 내몰려 밤늦게까지 앉아 졸고 있는 아이들의 교실 풍경이 떠올랐다.

그리고 천천히 울려 오는 이 시대의 아픔. 그러고 나서 그 아픔과 함께 남는 것은, 그래도 사람은 아름답다는 것. 그래도 교실은 아름답다는 것. 이렇게 타조알 선생을 통해 우리는 교육 현장과 우리 아이들을 더욱 사랑하게 된다.

그보다 큰 일이 어디 있겠는가. 나는 방금도, 책도 나오지 않았는데, 청소년 문제에 관심이 많다는 어떤 작가를 만나자마자 이 타조알 선생의 원고를 보여 주었다.

이 만화를 이야기하는 일은 정말 즐겁다.

박재동
(만화가, 한국예술종합학교 애니메이션과 교수)

여는 글

내 어릴 적 학교 다닐 때 이야기다.

그리 명민한 학생이 아니었던 나는 수업 시간에 졸리거나 지루하다 싶으면 교과서나 공책 여백에 낙서를 하며 시간을 보내곤 했다. 그래서 학기 말쯤 되면 내 교과서는 온갖 낙서로 얼룩진 그림책이 되어 있었는데, 생각해 보면 그게 별거 아니긴 했지만, 오로지 공부만 해야 했던 시절을 견뎌 내는 데에 큰 보탬이 되었다.

그러니까 낙서는 나의 힘이었던 것. 교사가 되고 나서도 그랬다. 고등학교에 부임해서 늘 보충과 야자에 시달리며 밤 10시가 되어서야 끝나는 학교의 일상이 지루하고 고되기 그지없었다. 그 일상을 견딜 무엇이 필요했다. 교직원 회의 시간의 따분함을 달래고자 끄적거린 낙서가 시작이었다. 야자 시간에 교실에 앉아 그날 있었던 일을 낙서로 그려 보던 것, 그게 이 만화의 시작이다.

학교는 모두가 다닌 곳이고, 다니는 곳이건만 누구 하나 학교가 좋단 말을 하지 않는다. 요즘 들어서는 이른바 죽음의 트라이앵글이라는 것이 학생들을 덮친다 하면서 학교는 살 곳이 못 되는 곳으로 자리 잡았다. 그런 학교에서 하루 열 몇 시간을 보내면서도 아이들은 용케, 산다. 용케 학교에서의 삶을 견뎌 낸다.

아마 그들에게도 삶을 견뎌 낼 무언가가 있을 것이다. 마치 내게 낙서가 그랬던 것처럼. 누군가에게는 그것이 낙서이고, 만화이고, 노래이고, 음악이고, 춤이고, 그림이고, 축구이고, 농구이고, 연극이고, 시일 것이다. 그것이 무엇이

건 학교에서의 삶을 살게 해 주는 것이 아이들에게는, 그리고 선생님들에게는 꼭 필요하다.

  이 만화가 모두에게 그런 버팀목이 된다면 좋겠지만 그럴 수는 없을 것이고, 다만 나는 이것들을 그리면서 조금은 행복해졌다는 말을 하고 싶다. 그래서 이 만화를 보는 사람들이 조금은 학교를 좋아하게 되고, 조금은 행복해진다면 더 바랄 게 없다.

  참 몹쓸 짓을 많이도 했다. 섣부른 욕심에 쉽게 매를 댔고, 어줍지 않은 신념으로 아이들을 가르치려 들었다. 그냥 있는 그대로를 보기보다는 내 머릿속의 이상으로 아이들을 닦달하기도 했다. 이런 교사를 받아들이고 인정해 줬던 제자들이 고마울 따름이다. 교사라고 나선 것이 20년이 지났다. 철없이 잘난 척하기만 하던 나를 받아 준 모든 제자에게 고마움을 전한다.

이성수

차례

추천의 글   4
여는 글   6

하나. 2010년 | 봄·여름

부산에서 살기	14
담임 발표 날	15
계발 활동	16
아침 영어 방송	17
잠과의 전쟁	18
살림살이 가득	19
학기 초 상담	20
학교는 지금, 오목	21
전학생 온 날	22
있는 게 뭐야	23
소중한 책 한 권	24
명연기를 보여 줘	25
장인의 길	26
생일날에	27
화장실 유감	28
영상 통화	29
오징어	30
비 오는 날에	31
1인 시위	32
새로 생긴 것	33
맞아야 할 일	34
만두 하나	35

도난 사건	36
그래도...	37
봉사대	38
조퇴왕? 축구왕?	39
고전 수업	40
체벌 금지	41
명당자리	42
필통	43
퇴근 좀 하자	44
가산점	45
벌점	46
버스 안에서	47
세부 능력	48
한글옷 입기	49

둘. 2010년 | 가을·겨울

배추의 마음	54
점심시간	55
숙제	56
소풍 1	57
소풍 2	58
소풍 3	59
현기	60
라면	61
수저통 사건 1	62
수저통 사건 2	63

조급증이 애들을	64
구제역 파동	65
대폭발	66
내 배는 지금	67
해우소	68
시험 즈음에	69
별별 이야기	70
창밖에	71
만화 연수 1	72
만화 연수 2	73
그놈의 외투	74
2010년 안녕	75
알뜰 모녀	76
같이 가고 싶어	77
안녕	78
졸업 축하	79

셋. 2011년 | 봄·여름

나도 애쓰고 있다	84
비교 체험 극과 극	85
칭찬하자	86
태풍이	87
친구 소개하기	88
조퇴	89
아침 자습 시간	90
여백	91
콩나물	92
배드민턴	93

세(3) 방살이	94
나는 왜 이것밖에	95
수행평가	96
시험의 왕국	97
청소 시간	98
살아야 한다	99

넷. 2011년 | 가을·겨울

아름이	104
저녁밥	105
카톡	106
원격 연수	107
그 한마디	108
~데요	109
교과교실제 1	110
교과교실제 2	111
준비 끝	112
비슷한데	113
교원 능력 평가	114
당신은 어떤?	115
교실 옮겼어요	116
상담을 하며	117
문제는 무엇	118
먹고살자	119
부산 참실대회	120
반가운 마음	121
윤동주 시인의 자취를 찾아서	123

하나·

2010년

봄·여름

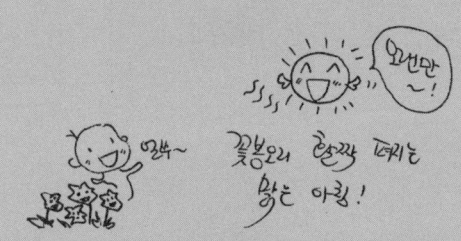

봄볕을 받은 나무들이 온몸으로 새 잎들을 밀어 올린다.
볕이 닿은 자리는 어김없이 싹들이 터져 나온다.
봄이다. 봄은 그렇게 생명이 넘쳐흐르는 시간.
하지만 학교는 그렇지 않다. 봄은 봄인데 봄이 아니다.
고등학생의 봄은 험난하다.
공부하라는 금과옥조에 얽매여 찌들기만 한다.
그렇지만 봄날의 새싹이 아스팔트를 뚫듯이
아이들은 학교의 틀 안에서도 기어이 그들의 생명력을 발산한다.
꺾이지 않는 그 싱싱함을 지켜보는 것만으로도
이 봄이 나는 좋다.

부산에서 살기

담임 발표 날

자신의 첫인상에 지나친 과신을 보내는 타조알!

계발 활동

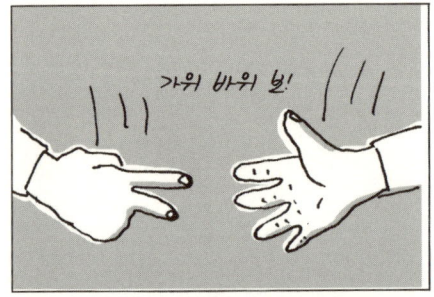

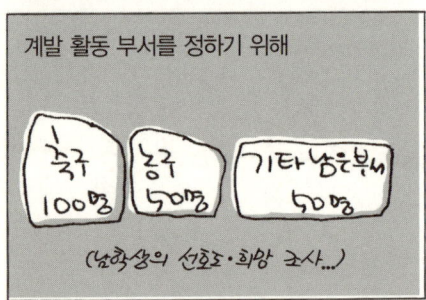

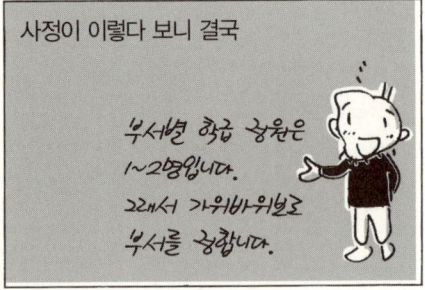

비인기학과, 아니 비인기 부서의 설움!

아침 영어 방송

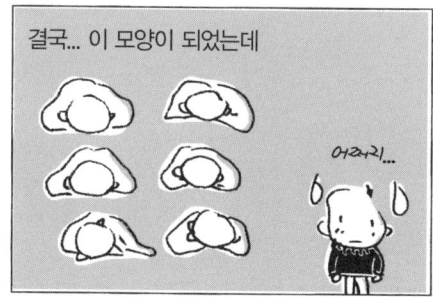

그 활기찬 영어 방송이
왜 졸립기만 한 것일까요?

잠과의 전쟁

점심도 거르고 자는 아이에게 담요를!

살림살이 가득

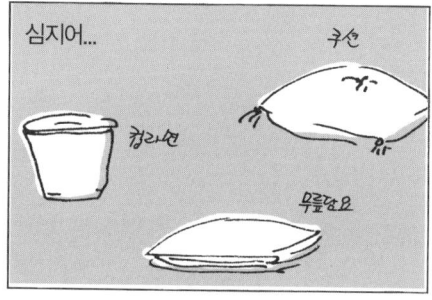

그렇게 깊은 뜻이!

학기 초 상담

그냥 웃자고 그린 겁니다.
정말 이러진 않습니다.

학교는 지금, 오목

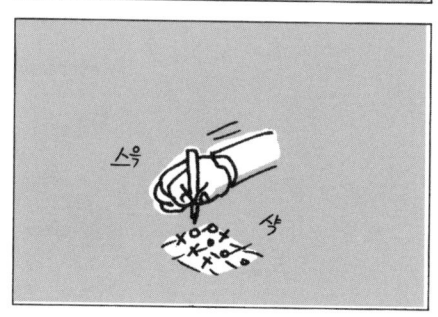

공부 열심히 하는 줄 알았더니...
모두 오목에 열중하고 있었네요.

전학생 온 날

전학생 앞에서 이렇게 촌티를 내고 있습니다.

있는 게 뭐야

말이나 못하면 밉지나 않지...

소중한 책 한 권

이렇게 노래를 불러도

죽어라 책 안 읽는 우리 얼라들

그 얼라들이 신주단지 모시듯 하는 단 하나의 책이 있으니

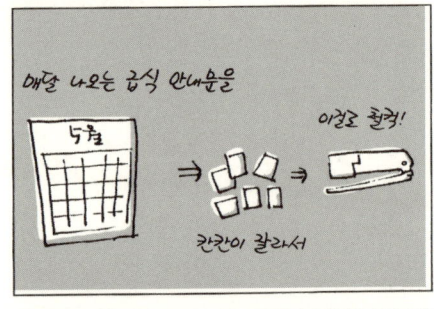

먹기 위해 사는, 그 정성이 갸륵합니다.

명연기를 보여 줘

매일매일 꾀병 환자들의
명연기가 펼쳐집니다.

장인의 길

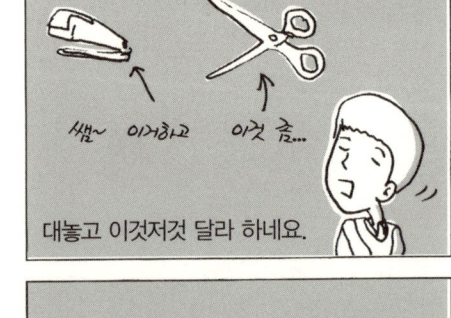

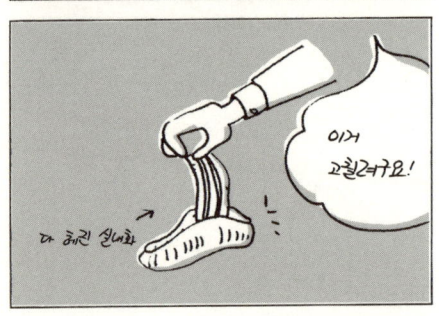
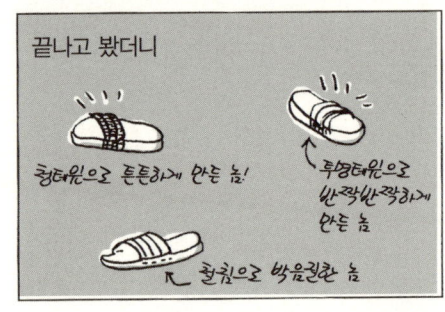

공부하고는 담을 쌓았지만,
실내화 수선은 끝내줍니다.

화장실 유감

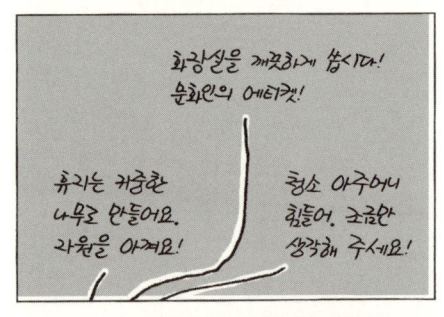

얘들아! 화장실 좀 깨끗하게 쓰면 안 되겠니?

영상 통화

판단이 안 섰던 옆반 담임 선생님!

오징어

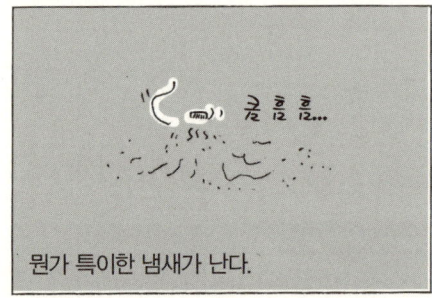

비 오는 날에

1인 시위

전교조 쌤들, 모두 힘내세요.
전공노 분들, 모두 힘내세요.

새로 생긴 것

새 옷이 생겼습니다.

장맛비가 몹시 내리던 날, 새 옷을 입고 새 벗님들과 새 놀이터 앞에서

새 벗님들도 생겼습니다.

전기등 아래 모여 밤이 깊도록 회의를 하고

새 놀이터(?)도 생겼습니다.

우애를 다지기도 했습니다.

새 잠자리도 생겼습니다.
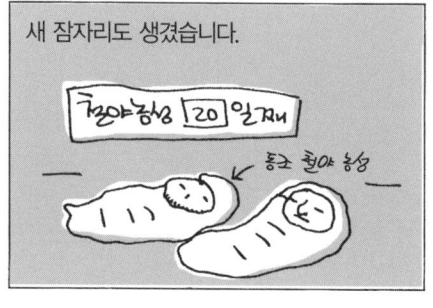

밤이 깊도록 촛불이 환하더이다.

부당 징계 대상자 분들 모두 힘내세요!

맞아야 할 일

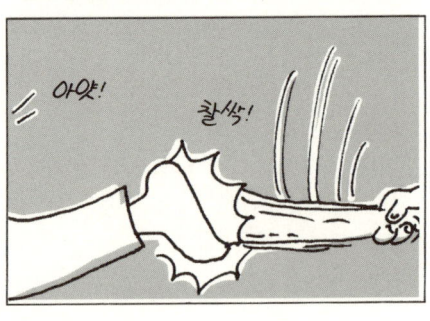

세상에 맞아야 될 일은 없습니다.
저, 요즘 잘못을 많이 저지릅니다. 반성합니다.

만두 하나

내가 만두를 하나 집어 가니까

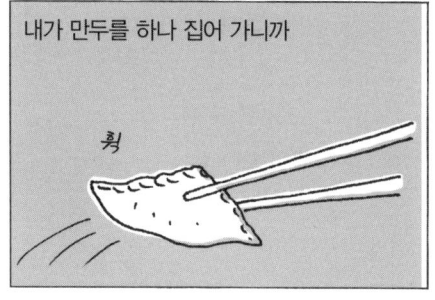

그래서 저도 "씨발 만두 니가 다 처무라, 개새끼야." 했습니다.

용욱이 얼굴이 변하더니

그랬더니 용욱이가 식판을 던졌습니다.

수저를 집어 던지면서

그래서 싸우게 됐습니다.

"씨발!" 어쩌고저쩌고 했습니다.

그깟 만두 하나가 친구 사이를 이렇게 갈라놓네요.

도난 사건

학교 도난 사고, 어쩌면 좋을까요?

그래도...

친구가 과외 새로 시작했습니다.
불안합니다.

봉사대

봉산탈춤 가르친 분만 이해할 수 있을 듯!

조퇴왕? 축구왕?

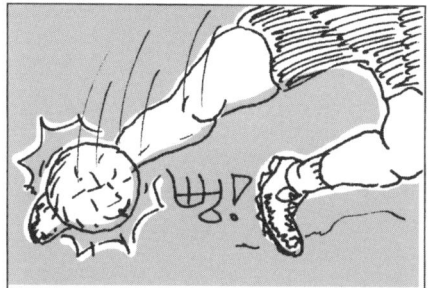

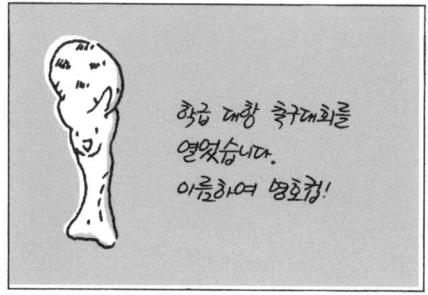

모두가 즐거운데 혼자 열이 났습니다.

고전 수업

고전의 악전고투, 고전을 벌이고 있습니다.

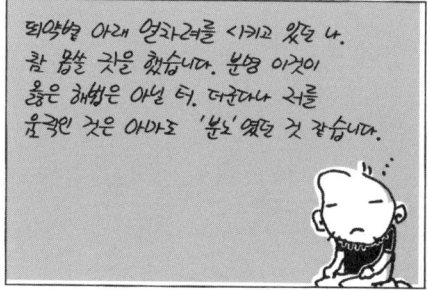

이런 일이 되풀이되지 않기 위해 체벌 금지 규정이 필요합니다.

명당자리

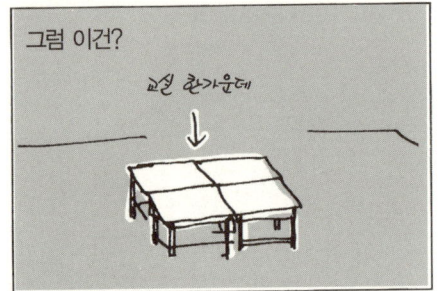

정말 덥습니다! 더워!

필통

여학생들은 다 필통 있던데...

퇴근 즘 하라

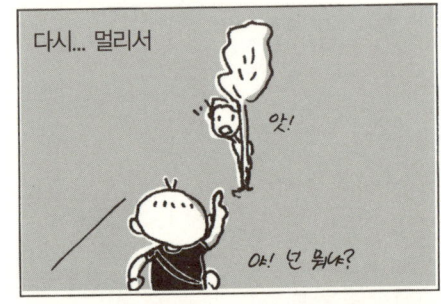

결국 달을 보며 퇴근했답니다.

가산점

가산점에 목숨 거는 거 자제 좀 하렴!

벌점

세상의 모든 잘못은 벌점으로 해결될 수 있을까요?

버스 안에서

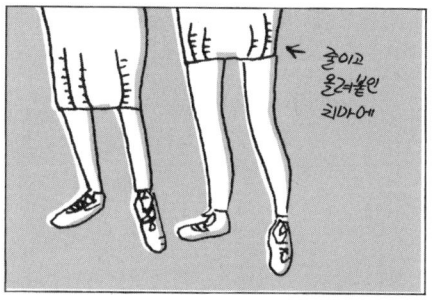

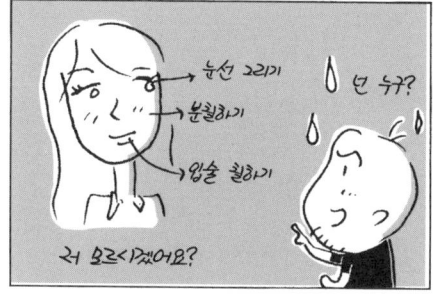

고깃집에서 면접을 보는 것도 아닐 텐데!

세부 능력

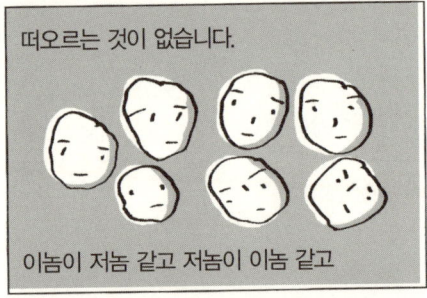

한글옷 입기

그래도 한글옷이 많아진다는 건
기쁜 일입니다.

0.교.시..공.갈.(?)..시.간

아이들에게 글쓰기를 시켜놓고
창밖을 내다본다.
"글 안 써내면, 오늘 학교에
남아서 쓰게 할거야!"
공갈 섞인 협박에 못 이겨
마지못해 종이에 글을 쓰는 아이들.
3층 창문 밖으로 내려다본,
학교 앞 공터엔 참새 몇 마리가
모여 쫀다. 누가 먹다 버렸는지
한쪽에 나뒹구는 '새우깡'
그 안에서 흘러나온 과자 부스러기.
몇 마리 참새들이 쪼아먹고 있다—

둘·
2010년
가을·겨울

비가 살포시 내리는 아침!

쑥쑥 자란다.
벼들은 농군의 발걸음 소리를 듣고 자란다는데
이 아이들은 그런 발걸음 없이도 잘만 자란다.
시험이네 자율학습이네 수행평가네 뭐네 하는 것들이
이 녀석들을 못살게 굴어도 늠름하게 자란다.
철부지가 자라나 친구들을 챙기고
교사를 이해하고 부모를 사랑하게 되기를.
그들이 바람에 꺾이지 않는 나무로 자라나기를.

배추의 마음

점심시간

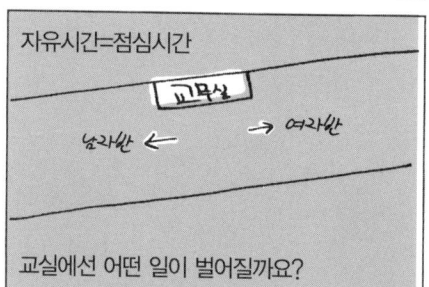

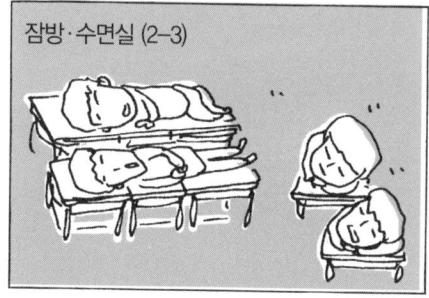

제각각 바쁜 점심시간입니다.

숙제

숙제의 의미는 사라지고, 그 형식만 남았도다!

소풍 2

서로 할 말을 잃었습니다.

소풍 3

소풍날, 한 젓가락씩 제 배를 채워 준 모든 아이들과 부모님께 감사를!

현기

요리하는 현기, 멋집니다!

라면

벌청소 시키는데, 라면 한 봉지가 나왔습니다.

입이 헤벌쭉 찢어집니다.

누가 잊고 간 것인지는 몰라도

면발에 스프 뿌려 흔들어 먹는

먹는 게 임자!

그 음식도 간식도 아닌 것이

벌청소 잠시 쉬고 먹으라 했더니

우리 아이들을 황홀하게 합니다.

하기야 저 나이 때 뭔들 맛이 없을까요.

수저통 사건1

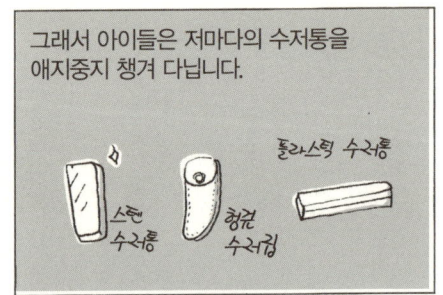

제 아내 학교 이야기. 2편으로 이어집니다.

수저통 사건 2

괜한 의심을 해서 정말 미안하다, 두식아!

조급증이 애들을

아이들이 죽는 줄도 모르고...

구제역 파동

구제역 파동으로 죽어 간 모든
생명들에게 애도를...

대폭발

그냥 말없이 휴지만 주는 게 나았을까요?

내 배는 지금

배 나온 게 죄도 아닌데...
저는 왜 도망을 갔을까요?

해우소

남자들아! 분발 좀 해라!

시험 즈음에

시험 끝나고 너희들 다 죽었어!

별별 이야기

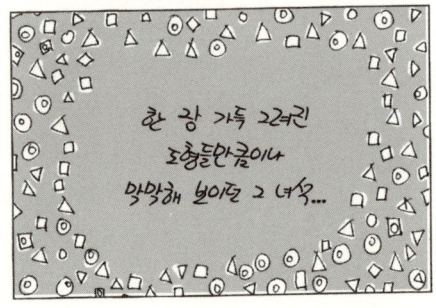

그래도 힘내길 바랍니다.

창밖에

드넓은 바다 저끝에 큰 배만 보이더군요.

만화 연수 1

저 이래도 괜찮을까요?

만화 연수 2

멋진 작품집을 낼 수 있었답니다.
선생님들 모두 고맙습니다.

그놈의 외투

그러면 되는 걸까요?

2010년 안녕

2010년 마무리 잘하세요.
2학년 3반 그동안 고생했구나!

알뜰 모녀

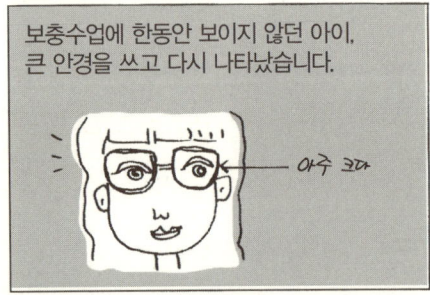

겨울방학은 변신의 계절인가요?

같이 가고 싶어

얘들아! 실은 너희들이랑 같이
3학년 하고 싶었단다.

안녕

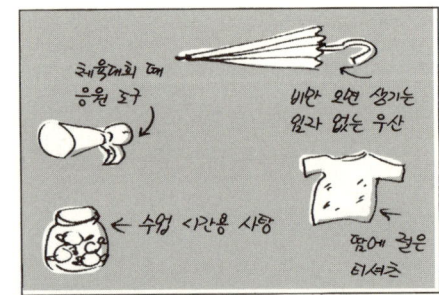

안녕! 잘 있으렴, 명호고!

졸업 축하

졸업 축하드려요!

틈.새

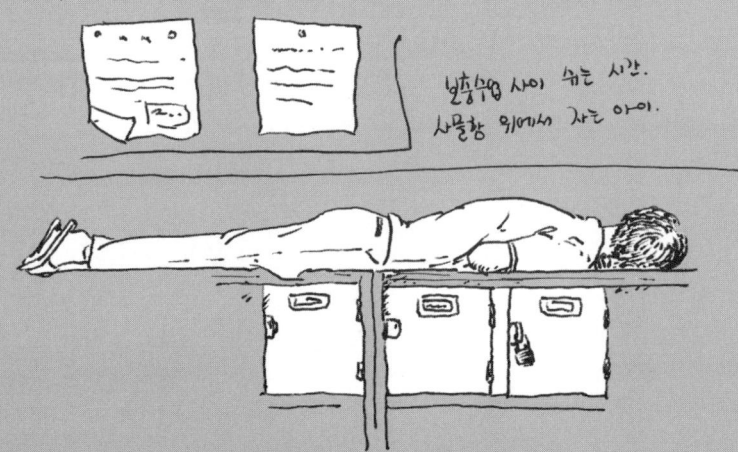

셋 ·

2011년
봄 · 여름

운동장 가득 햇쌀 쏟아지는 날!

학교를 옮기고 새로 만난 아이들.
씨앗들이 어디로 날아가건 내린 그 자리에 자리를 잡듯이
교사도 어느 학교로 옮기건 그 학교의 아이들에게 정을 붙인다.
새로 온 사람이라는 낯선 꼬리표도 사라질 무렵이 되면 어느덧 여름.
시간이 흐르고 계절이 바뀌는 걸 교복을 보고서야 안다.
그리고 어느 틈에 새 학교가 우리 학교가 되었음을,
처음 보는 아이들이 우리 아이들이 되었음을 비로소 깨닫는다.

나도 애쓰고 있다

나도 살 길 찾으려 애쓰는 건데,
왜 내 말은 안 들어주나요!

비교 체험 극과 극

단순히 학년 차이인 걸까요?
아님 다른 이유가 있는 걸까요?

칭찬하라

태풍이

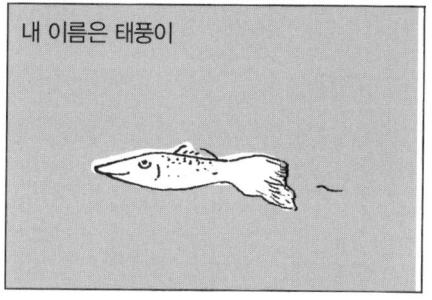

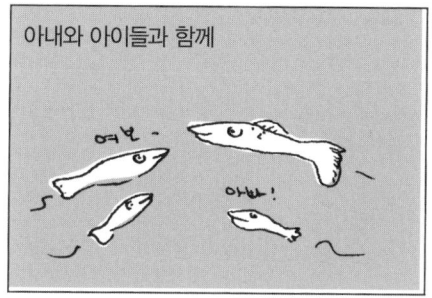

작은 변화에도 학교는 참 많이 달라 보입니다.

친구 소개하기

뭐... 그렇다고 또 하자 하진 않네요.

조퇴

어느 장단에 춤을 추라는 말입니까?

아침 자습 시간

우리의 아침 자습 시간은 소중하니까요.

여백

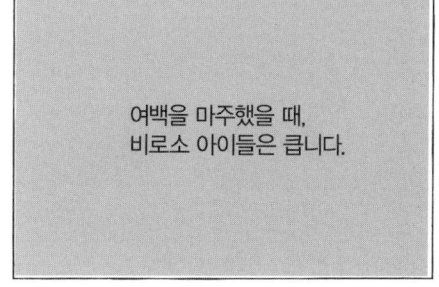

빈 시간을, 자유를 두려워하는 교육!

콩나물

우리 학교에는 특수교육을 받는 학생들이 여럿 있습니다.

그 아이들이 특수반에서 콩나물을 키웁니다.

제가 가르치는 2학년들은 저를 보면 반겨 인사를 합니다.

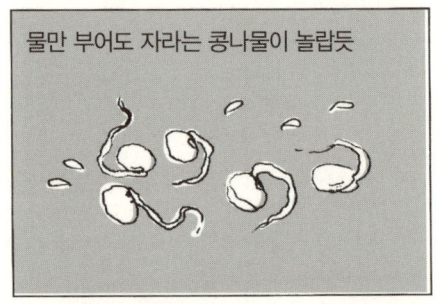

물만 부어도 자라는 콩나물이 놀랍듯

수업 시간에 제가 가르치는 걸 알아듣지는 못해도

무언가를 길러 낼 줄 아는 아이들의 모습이 놀랍습니다.

열심히 했다는 걸 인정받고 싶어 합니다.

그 콩나물로 밥을 지어 먹으니 백 배 천 배 더 맛있습니다.

특수반 콩나물 기르기,
앞으로도 계속하기를 바랍니다.

배드민턴

어찌 되었건 즐거운 점심시간!

세(3) 방살이

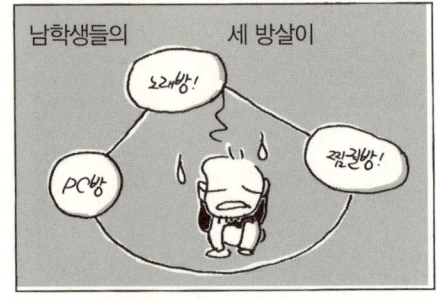

남학생들아! 세 방살이 좀 벗어나렴!

나는 왜 이것밖에

등이라도 톡톡 두드려 줄 것을!

수행평가

어쩌자고 이 많은 숙제를 내준 걸까요?

시험의 왕국

이건 좀 심한 것 같습니다.

청소 시간

더위에 지치지 말고
잘 견뎌 내기를 바랍니다.

살아야 한다

그 아래 함께 있지 못해 늘 미안합니다.

시.험..전.후

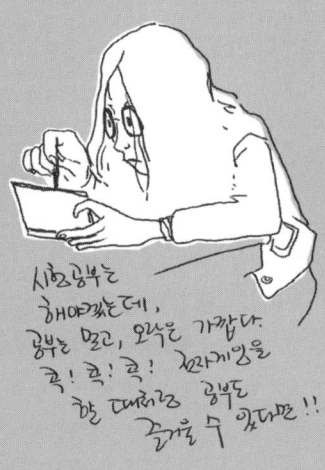

문제를 풀라니까 풀기는 하는데,
영 눈에 안 들어오고
자꾸 눈만 감기누나!!

답이 안보여...

모의고사에서
틀린 문제 오답노트 적어오라는데...
해답지를 봐도 모르겠다!
미치겠네!

넷·

2011년
가을·겨울

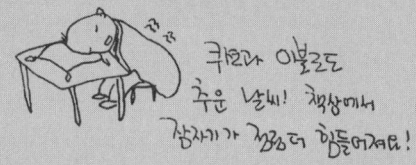

귀요라 이불로도
추운 날씨! 책상에서
잠자기가 점점더 힘들어져요!

창가에 내던져 놓았던 체육복을 챙겨 입고,
사물함 깊숙이 넣어 두었던 무릎 담요를 꺼내고,
열어 놓은 창문은 꼭꼭 닫고,
누군가 문을 열어 놓고 나가면 문 닫으라 소리 지르는 때.
한 해가 저물어 가는 때. 학교는 몹시도 춥다.
아침저녁으로 몰아치는 바람도 그렇고,
문틈으로 스며드는 한기도 그렇지만
이제 얼마 뒤면 고3이 된다고, 얼마 뒤면 한 학년 진급한다고
닦달하는 소리들이 제일 서늘하다.
이럴 때 기댈 것이라곤 친구들뿐.
그 인간 난로들의 온기에 기대어 겨울을 난다.

아름이

집에서 세수는 하고 왔냐?

저녁밥

야자 끝날 때 간식이라도 줘야 하나요?

카톡

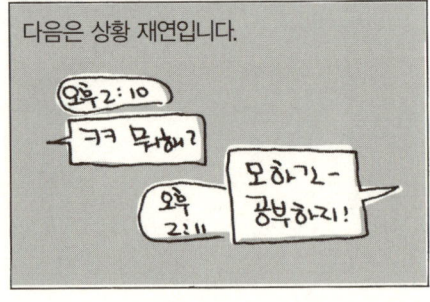

세상 좋아졌습니다.
딴짓하기도, 딴짓한 놈 잡기도!

원격 연수

연수의 의미는 날아가 버렸습니다.

그 한마디

그 한마디에 무너졌습니다.

~데요

그 말투 정말 마음에 안 드는데요!

교과교실제 1

이런 꼴은 별로잖아요.

교과교실제 2

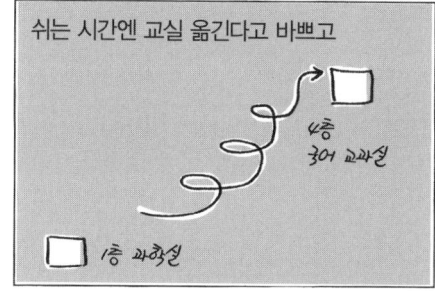

선생님들 생각은 어떠신지요?

준비 끝

얘들아! 야자는 9시에 끝난다구!

비슷한데

영화, 드라마는 줄줄 꿰면서
왜 소설은 잘 모를까요?

교원 능력 평가

정말 모두를 위한 평가 맞습니까?

당신은 어떤?

애들은 과연 좋아할까요?

교실 옮겼어요

11월, 벌써 2012년 수능 레이스 시작!

상담을 하며

선생님들은 상담 어떻게 하시나요?

문제는 무엇

문제는 아무도 이것이 문제라고
생각하지 않는다는 것입니다.

먹고살자

밤 10시까지 공부해도 즐겁게 사니 다행입니다.

부산 참실대회

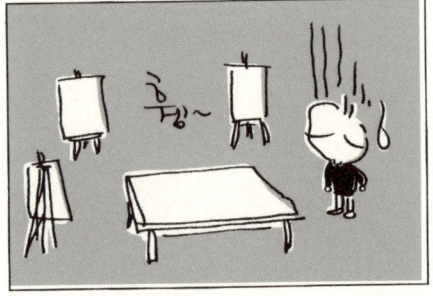

그래도 찾아와 도와주시고 살펴주신
모든 분에게 감사드립니다.

반가운 마음

전국국어교사모임 겨울 연수에서 만난 모든 쌤들 정말 반가웠습니다.

윤동주 시인의 자취를 찾아서

고향에 돌아온 날 밤에
내 백골이 따라와 한 방에 누웠다.

어둔 방은 우주로 통하고
하늘에선가 소리처럼 바람이 불어온다

타조알 선생의 교실 풍경 3 : 고등학교 이야기 1

지은이 | 이성수

1판 1쇄 발행일 2015년 4월 13일

발행인 | 김학원
경영인 | 이상용
편집주간 | 위원석
편집장 | 최세정 황서현
기획 | 문성환 박상경 임은선 최윤영 조은실 조은화 전두현 최인영 이혜인 정다이 이보람
디자인 | 김태형 임동렬 유주현 최우영 구현석 박인규
마케팅 | 이한주 김창규 이선희 이정인 이정원
저자 · 독자 서비스 | 조다영 채한올(humanist@humanistbooks.com)
스캔 · 출력 | 이희수 com.
용지 | 화인페이퍼
인쇄 | 청아문화사
제본 | 정민문화사

발행처 | (주)휴머니스트 출판그룹
출판등록 | 제313-2007-000007호(2007년 1월 5일)
주소 | (121-869) 서울시 마포구 동교로23길 76(연남동)
전화 | 02-335-4422 팩스 | 02-334-3427
홈페이지 | www.humanistbooks.com

ⓒ 이성수, 2015

ISBN 978-89-5862-789-0 07370

이 도서의 국립중앙도서관 출판예정도서목록(CIP)은 서지정보유통지원시스템 홈페이지(http://seoji.nl.go.kr)와 국가자료공동목록시스템(http://www.nl.go.kr/kolisnet)에서 이용하실 수 있습니다.(CIP제어번호: CIP2015006241)

만든 사람들

편집장 | 황서현
기획 | 문성환(msh2001@humanistbooks.com) 조은실
표지 디자인 | 최우영
본문 디자인 | 반짝반짝

• 이 책은 저작권법에 따라 보호받는 저작물이므로 무단전재와 무단복제를 금합니다. 이 책의 전부 또는 일부를 이용하려면 반드시 저자와 (주)휴머니스트 출판그룹의 동의를 받아야 합니다.